LA NIEVE BROTA EN CAUTIVERIO

LA NIEVE BROTA EN CAUTIVERIO

IRIA FARIÑAS

Valparaíso
EDICIONES

Número 438 de la Colección VALPARAÍSO DE POESÍA
dirigida por FEDERICO DÍAZ-GRANADOS

Diseño de la colección: Chari Nogales
Imagen de portada: Nares Montero

Primera edición: noviembre de 2024

© De los poemas: Iria Fariñas
© Del prólogo: Paloma Chen y Alejandra Banca
© Del epílogo: Aurora H. Camero

© Valparaíso Ediciones
  C/ Fray Leopoldo, 7 bajo, 18014 Granada
  www.valparaisoediciones.es

  ISBN: 978-84-10073-72-2
  Depósito Legal: GR 1431-2024

  Impreso en España - *Printed in Spain*
  Gráficas Gami

LA NIEVE BROTA EN CAUTIVERIO

*Para mi madre,
la primera niña, bruja y Madre
que conocí.*

*Para Donna y Simon,
por cultivar la magia.*

Quiero del edificio el muro en llamas
SILVINA OCAMPO,
POEMAS DE AMOR DESESPERADO

no ver los únicos desgarrones, sino el tejido
(pero cómo ver el tejido si solo los desgarrones
lo hacen visible)
GEORGES PEREC,
TENTATIVA DE AGOTAR UN LUGAR PARISINO

de las flores   quiero la nieve
AIDA GONZÁLEZ ROSSI,
PUEBLO YO

Os aseguro que alguien se acordará de nosotras en el futuro.
SAFO DE LESBOS

PRÓLOGO:

LAS SEMILLAS MÁS PODEROSAS ROMPEN LA LINEALIDAD DEL TIEMPO

(Alejandra Banca & Paloma Chen)

Now you have made loneliness
holy and useful
and no longer needed
now
your light shines very brightly
but I want you
to know
your darkness also
rich
and beyond fear

AUDRE LORDE
YOUR SILENCE WILL NOT PROTECT YOU

Leí por primera vez estos poemas
en una madrugada etílica en Alicante,
después de pasear y seguir los pasos
fluorescentes de Iria.
Esa madrugada mientras leíamos,
consciente de que no lograría dormir
nada porque un tren me esperaba
en menos de cuatro horas, sentí el gorjeo,

el resuello, los murmullos feroces y siniestros
–no por ello menos hermosos– de estas voces
que, atrapadas en el papel, convertidas en palabra
hecha tinta, parecieron cobrar vida,
se volvieron una esencia sonora, envolviéndonos.
Y hoy, dos años después, las leo
en silencio porque ellas ya de por sí generan ruido
y vibración: traen consigo el sonido –los gritos–
de todas, el rugido –el aullido– del bosque,
el conjuro –las maldiciones–
de lo que está en potencia a punto de germinar.

Leí por primera vez estos poemas
en una madrugada en Alicante.
Estaba sentada junto a Iria, en el sofá,
en el lugar exacto donde meses antes Alejandra
había oído las voces que hoy
la lectora puede tocar con sus manos.
"Aquí estaba Alejandra",
y abracé la inquietante música
de la nieve que brota en cautiverio,
que brota como nosotras,
como todas las niñas excesivamente soñadoras,
excesivamente disociadas, excesivas, excesivas
en su intento de trascendencia,
en su intento de creación, en su intento de comunión,
en su in-ten-tar.
Excesivas porque somos niñas agujereadas,
nuestros instrumentos están hechos de nuestra
propia piel, y si bien la porosidad es virtud,
también nos desgracia.

14

Este lenguaje se gesta porque está
al mismo tiempo gestando y dando cuenta
de todo lo que se puede
parir y nutrir y matar y lamer y sangrar:
las semillas más poderosas necesitan
de confinamientos y cavidades oscuras
para poder brotar. Y pareciera que Iria
–manía mía de asociar a la autora con la voz poética–
o la suma sacerdotisa-chamana-bruja-alquimista-mujer-
[guía-canto-original
que nos lleva de la mano por todos estos pasajes
que emulan a los bíblicos porque se configuran
en sí como sus propios textos sagrados,
sabe lo que hace al detalle, sabe lo que genera
y es capaz de despertar en el lector.
Hay todo un artefacto textual e incluso performático
–recordemos acá la pasión de la autora por la danza
y la performance– elaborado a conciencia,
con ojo minucioso y absuelto.

hurgar el horror sin apagarlo
invoca al terremoto
ahora hermanas bailemos
sumemos nuestros cuerpos al temblor

Yo también la veo a ella, y baila, baila
desde el verso-cuerpo, el verso-voz, el verso-acción,
la raíz de la que nace la urgencia de la poeta,
y quiero acunar a sus niñas
y descubrir la unidad de la fragmentación,
cuando *teníamos todo / excepto mecanismos miedo y lógica.*

Conversan con la nada, el amistoso *tejido envenenado*,
¿es este el modo de alcanzar la empatía radical
y romper la maldición de ser seres orales?
Tengo una piedra en la lengua,
entre las teclas al escribir esto, y me pertenece
tanto como estas palabras en sí-mismas.

Estas niñas que son a la vez madres
que son a la vez hechiceras
que son a la vez todas nosotras
y se hacen eco de nuestros deseos más salvajes,
nuestros miedos más negros, nuestra rabia más violenta,
nos invitan nos obligan nos imploran
que las acompañemos y que nos unamos
a esa danza macabra frente al fuego, descalzas
y con los pies arropados por la nieve y el frío.
Niñas-ancianas atemporales ahistóricas eternas,
regodeándose en las travesuras de la juventud
y en las confesiones de la adultez.

habitamos todos los retratos y los mitos
nutrimos cualquier nombre que nos ofrezcan

no podrán   dividirnos
unidas somos   una planta
unidas somos   esporas
cuanto más   lejos intenten
desperdigarnos más intensas
serán nuestras   junglas

Me fascina la infancia,
el momento en que todo lo mítico se fabrica
en nosotras. Estas niñas están atravesadas
por una absorbente inocencia original,
la costilla es un arma, un refugio, el todo.
Las criaturas míticas solo tienen el lenguaje
como rebelión, pero las niñas tienen también
el poder de engendrar, de ser madres y asesinas,
de matar a sus hijos y componer elegías
en su honor, pues

la forma del canto resiste
a las formas del significado

Durante toda la lectura-trance de estos poemas
viene a mí una y otra vez esta frase tan conocida
del evangelio de San Juan, el *que esté libre de pecado,*
que tire la primera piedra: y con estas piedras
hemos creado un nuevo-nuestro lenguaje,
hemos construido un templo en la cima
de una colina blanca donde la deidad principal
son ellas, eres tú, es Paloma, soy yo: nosotras.
Mujer que abarca a todas las mujeres
y sus ríos subterráneos. Y por la condición
de dadoras de vida, de ser un vientre
–gestadoras de criaturas de palabras de amor de fuego
que arde pero no quema– somos entonces
la naturaleza misma.

En chino decimos *women* para decir "nosotras":
añadimos al 我 *wo* ("yo") el 们 *men* que forma el plural,

17

un pictograma que imitan unas puertas
(abiertas/cerradas dependiendo del ángulo).
Os/nos veo en las puertas de ese templo,
y como naturaleza que somos desobedecemos
el acto de desobedecer. En chino decimos
butinghua para hablar de alguien desobediente,
literalmente "no (不) escuchar (听) las palabras (话)"
de nuestros superiores. En realidad, sí 听话 *tinghua*,
pero las palabras nuestras/propias, las que cantamos
tan alto que rompen la linealidad del tiempo,
espectrantes, esperantes.

En este aquelarre-conjuro apalabrado tenemos
que lanzarnos de cabeza, desnudas y sin tener miedo
al agua helada ni a las esquirlas
que pueden herirnos, porque

si hundo los tobillos
quizá encuentre el final de la lengua

y quizás podamos entonces derretir las piedras
y con ellas construir puentes, caminos, el marco duro
y resistente de un espejo que nos devuelva
siempre el mismo reflejo:

yo es solo una palabra   *una pared de*
                          acuarela

Nos llaman *amazonas del apocalipsis*, pero en realidad
nosotras no queríamos ser / otra cosa que niñas.
Pero, ¡ay!, la ley de la producción y la reproducción

(生生*shengsheng*), lo que los binomios de la civilización
ocultan sin éxito: una niña es una mujer en construcción,
es una madre en potencia, pero
una madre debe ser abstracta,
pero su canto se vuelve nana, pero se vuelve susurro,
pero *aquí se practica la fragilidad,*
¡pero *hechiceras aquí se lucha siempre por primera vez*!

Sí, la nieve brota en cautiverio porque así,
cautivas, nos han-hemos obligado-enseñado-dispuesto
a crear y urdir y tejer y alzar poco a poco el murmullo
reverberante, ese sonido áspero pero melodioso
que despierta a las que todavía siguen dormidas
y les mete un puñado de nieve en la boca:
ten, mastica, purifica, borra las huellas
parentales y paternales y políticas que no te pertenecen.
Mira, mira qué limpia está la nieve,
¿te atreves a dejar tus propias marcas-estigmas-cicatrices?
La voz poeta nos dice muy flojito: no tengas miedo
de trazar tu propio camino, hay un micelio infinito
y atemporal que nos hermana.
Todas hemos estado, estamos y seguiremos estando aquí.

la forma del canto resiste
a las formas del significado

Sí, podremos moldear *los nombres del mundo* y admitir
que una condena puede ser *tierna*. Sí, somos naturaleza
compasiva y compartimos el mismo cuerpo,
las rocas del paisaje son una nueva gramática
en la que hundirnos y buscar la boca

desde la que corear *doce voces*, la infancia
vivida desde la multiplicidad
es la geografía a reverenciar.

La autora se empapa de un lenguaje afilado,
pasado por piedras, pulido con la piel
de las frutas más porosas. Agresiva y fulgurante
a la vez, como un chispazo de dolor
que también produce placer y por su arrebato
sólo lo sentimos, no lo podemos asir ni llegar
a comprender del todo: lo intuimos.

One way to open a body to the stars, with a knife.
One way to love a sister, help her bleed light.

Natalie Díaz
Poema de amor posconolial

[imagina aquí tu pintura favorita de Remedios Varo]

LA NIEVE BROTA EN CAUTIVERIO

CANTO I:
ANHELARÁS EL TACTO DE LAS PIELES

Y toda vestidura o toda piel
sobre la cual caiga la emisión de semen
se lavará con agua, y quedarán inmundas
hasta el atardecer.
LEVÍTICO 15:17

Ah, entonces
me levanté en mi piel dorada
y ritmé los salmos
(…)
y cosechamos,
cosechamos.
ANNE SEXTON, *NOSOTROS*

GÉNESIS I

lo primero era hallar
canela y arroz hervido
que anclara la palabra

casa o espíritu o madre
para ablandar la piel
de todas las frutas de invierno

de niñas espiábamos a las bestias
y mordíamos persimones

nada en ninguna parte
se hereda como el morbo
por el infierno y la pureza

MITO I

el bosque se forma despacio
como una bomba
bajo las manos que la desactivan

niñas fertilizantes
aplastamos frutos maduros
entre raíces y ramas

nos juntamos   somos doce
              almacenadas
              [pero mi cuerpo]
entre el musgo y la bruma
              ¿dónde se encuentra?

la primera de nosotras
tiene una sola costilla
y dice *es suficiente*

la segunda baila sobre la leche
derramada por   la tercera
conjura soles como puños

de los ojos de la cuarta descienden
cascadas rabiosas de lodo

la quinta afila raspas de pescado
y no se pregunta por el río

la sexta escupe:
solo quiere vaciarse

[pero ¿mi? cuerpo]
¿dónde se encuentra?

la séptima colecciona los cuernos
de los rinocerontes que no huyeron
y dice   son de demonios

la octava quiere aprender a pintar
la luz muerta de los astros

la novena está invadida de llagas
por obligarse a permanecer

[pero ¿cuerpo?]
donde se encuentra

la décima acuna un mortero
para moler el polvo mientras canta

la undécima ya está cansada
de soñar toda una vida sin párpados

la duodécima no sabe que es la última
y conversa sin girarse
con quien debe ir tras ella

[pero]

mientras el bosque crece
los helechos nos cubren
y nadie grita

[dónde]

solo la piedra

REZO DE LA CUARTA NIÑA

si me ahogo esta vez no sé si podré
sacar los codos o siquiera un mechón
flotando para que puedan encontrarme

quisiera que Madre se despertara con el rapto
de la lluvia presa de un odio decaído
excavara entre las aguas y recordase
el olor de la comida de Abuela

mientras imagino un nido
de culebras enterrándola
los pies como si intentasen protegerla
del frío   pero sus cuerpos

de lagartos mutilados en conserva dentro
del refrigerador junto a los corazones
huérfanos gracias a todas las veces
en que me he ahogado y no he sabido
siquiera torcer un dedo para atrapar quizá
una raíz y quedarme así presente
en el mundo todavía

Madre escucha si me encuentras
entiérrame en algún suelo prohibido
llámame loca mátame al fin descuelga
las fotografías en las que brote
intrusa por las paredes de la casa

Madre si existes por favor
alquila un espacio en el cielo
permíteme marcharme
y no me visites
esta vez no puedo regresar

Madre no lo entiendes porque tú solo has sido Madre
pero ser niña es algo cuyo fin es el abandono
Madre no lo entiendes porque solo me has tocado
para arrastrarme fuera del río cada vez pero
Madre no sé de qué color son tus dientes ni si tienes ojos
pero he inventado a la Abuela para darle solución al daño
Madre

enjuaga el barro de mi cara por favor
ábreme los párpados consiente que te mire
una única vez con el blanco matriz
pellizcando el contorno de mis iris

no te asustes de este frío
lo guardaré en mis cuencas a salvo
de los espejos
aquí tras las membranas
me sumiré

por fin
me sumiré

y ya no tendré que buscar
modos en que puedas encontrarme
modos en que explicar que exista
tu nombre

COMUNIÓN I

éramos niñas que se arrugaban
sobre las tiras de piel
de todo tipo de tubérculos

cantábamos por las noches
las bocas contra la almohada
y aspirábamos el nuevo olor
del detergente y lo llamábamos
cielo

sabíamos de las ventajas
del algodón sobre la seda
y bailábamos muy despacio
mientras nuestros pies
arrastraban la lejía

aunque al comienzo
las perforaciones nos distrajeran
pronto aprendimos a colgarnos sin esfuerzo
como moras de las zarzas

éramos niñas agujereadas
queriendo diferenciar
pecado y salvación

y el mundo era un campo
de minas al que arrojarnos
con los brazos en cruz

CANTO II:
CULTIVARÁS EL DESEO

A la mujer dijo: Multiplicaré
en gran manera tus dolores
en tus embarazos; con dolor
darás a luz los hijos; y tu deseo
será para tu marido,
y él se enseñoreará de ti.
GÉNESIS 3:16

Out of the ash
I rise with my red hair
and I eat men like air.
SYLVIA PLATH, *LADY LAZARUS*

CONFESIÓN DE LA PRIMERA NIÑA

todo mi pecho aflora
sobre el balcón de mi costilla
limpia como una rama deshojada
bajo el canto de los cuervos

si me quemaran quedaría
una costilla clavada en el suelo
un mástil que apunta a la luz
en huelga entre los árboles

la única búsqueda   es ser
            un iris disecado
frete al horno de un crematorio

mi costilla   un dedo corazón
que señala la medianoche
        captura   la tierra virgen
en la boca la mastica la escupe y esculpe
        un altar   a sus pies

son formas de la lluvia   lo húmedo
significa apremio oxígeno brote
caliente de estación

mi costilla es dura y afilada
y me defiende del mordisco
un único barrote
puede conformar una jaula

pero también   un trampolín
salto al espacio abierto disponible
salto
salto
salto
no hay nada que iguale este pulso

soy toda aleteo en la caída
la pinza de una langosta agitada
ante la idea de impacto
roca   *crack*
quizá   escisión
          por fin

Madre me prometiste
el rizoma que se rebela
ante la blancura
casi sobrenatural
casi un amor

aquí existe   en cambio
          el exilio

36

CONFESIÓN DE LA NOVENA NIÑA

el cuello estirado como si alguien me tirara de la coronilla
el objetivo es pegar la nuca a la roca y obtener
la visión más paralela del cielo y parpadear
ante bandadas de pájaros e insectos
y respirar cuando las nubes
oscurezcan

el estómago reseco contra el sacro
la columna seseante para dibujar los surcos
los pies en punta en busca de fantasmas de caricias

cuanto más me parezca a una hoja menos entenderé
cuanto menos entienda más sentido tendrá todo
este dolor es decir esta espera

creo que la muerte debe parecerse al buceo de la luz lunar
tan delicada entre motas de hollín como rocío
consolando a una cerilla por haber traído la negrura

lo he visto en la periferia de mis ojos donde permea
                                        [la planicie
he visto arder los cardos bajo el aullido lento de los bosques
y ahora me tumbo en su costra y la furia

me atrapa y no puedo
moverme   solo
flotar

EPIFANÍA I

en todas las habitaciones
se ha prohibido moverse
como una fuente

la forma del canto resiste
a las formas del significado

cuando una niña canta
una flora de codos invade
sus cuerdas vocales

música onda silencio
una batalla circular

DESOBEDIENCIA DE LA DÉCIMA NIÑA

canto

con la boca cerrada
a través de iglesias bajo mares
como un ruiseñor o su opuesto
o como un versículo en latín
traducido por una niña
atea que practica la espera
con los regalos de los reyes magos

con la capa de poder que resiste
entre la caída del ruido y las ruinas
como poemas sin escribir

canto

los residuos adulterados
hasta asemejarse a perlas
con que alimentar
los huesos y los cuernos
supervivientes al humo

ascendiendo de la palabra
al techo en un reclamo:
solo importa la mesa invernal
en el recuerdo pero quién recuerda
el color de los vasos en enero

canto
>   dorada como el miedo
>   a la memoria o a la inventiva
>   y cuelgo cadenas de plata
>   de las espinas de un rosal

callo

>   y soy el polen
>   disfrazado bajo el polvo

PROFECÍA DE LA TERCERA NIÑA

alguien hallará las palabras
y la luz entrará en su carne
e inventará nuevos conjuros
y saltará como un escarabajo
al deshacerse del alfiler
que le atraviesa

por fin alguien
reirá al oler un relámpago
por primera vez

CANTO III:
INVENTARÁS NUEVAS REALIDADES

¿Qué prefieres: que vengan tres años de hambre en el país,
o que tus enemigos te persigan durante tres meses,
y tengas que huir de ellos, o que el país sufra
tres días de peste? Piénsalo bien,
y dime qué debo responderle al que me ha enviado.
II SAMUEL 24:13

(…) y yo que tirito de frío con virginal desasosiego
en el instante crítico de tener que elegir
un campo cromático favorito o un animal favorito
o un juicio moral verdadero tan solo un juicio moral verdadero.
BERTA GARCÍA FAET, *POEMA SOBRE MIRAR EL*
CIELO DE NOCHE Y PENSAR EN MUCHAS COSAS

GÉNESIS II

en el origen poseíamos ojos
como caparazones de tortugas
abiertos en las algas

de niñas merodeábamos a los gigantes
y mordíamos arándanos

las manchas sobre nuestras comisuras
no vacilaban ante la materia
del fulgor o los demonios o la esperanza

poseíamos minutos enteros
los ahogábamos contra nuestros pechos-celdas
les robábamos el sentido

teníamos todo
excepto mecanismos miedo y lógica

y por eso las fauces
para morder todo lo que brotara
lo suficientemente cerca
como para perder
cualquier interés por espiarlo

CONFESIÓN DE LA SEXTA NIÑA

deseo un hueco nadie
entiende este espacio
vacío en que refugiarse

mi hogar   la grieta
más pequeña y olvidada
donde ni siquiera cabe el color

quiero quedarme
quieta en la sombra de las doce

este abismo tan madriguera
tan perfecto para una
flor tan enfermedad

se despliega el error
absoluto   me llena
          de fe

me repito: si soy
culpable desapareceré

cuando expulse todos los órganos los regale y doble mi piel
en un triángulo isósceles de una vez entraré en la grieta
la amueblaré a mi gusto con la nada escucharé el silencio
almacenado durante siglos solo para mí y sabré entonces
cuál es la promesa que contiene

MITO II

las niñas-volcanes
llevamos ríos rojos en cunas de basalto
y en sus fisuras mecemos los fantasmas
de madres-magma ya extintas

somos hijas-génesis
tejemos altares a todo lo que se mueve
cantamos al inhalar las chispas
más amigables y furiosas

fragmentamos todas las miradas
somos doce niñas y doce volcanes
que se arrojan festivas
encadenando medias lunas

nosotras: niñas-temblor
arropamos epifanías
entre trapos sucios
de llorar y sudar y sangrar
ríos rojos petrificados
en el esqueleto de un gorrión

niñas-suaves
cantamos nanas al vuelo
o a su cicatriz

las revelaciones
son una fiesta maldita

de niñas-nihilistas
que mezclan alfileres
y fósforos en las cunas
para luego hundir las manos

nuestro juego favorito
es su consecuencia roja
sangre e incendio
igualan aquello que atraviesan

las niñas-volcanes
esculpimos a gritos
las avenidas que arrasamos
somos doce   pero de lejos
confunden nuestros cuerpos
y nos llaman cuatro
amazonas del apocalipsis

HEREJÍA ENTRE LA DUODÉCIMA NIÑA Y LA NADA

¿me oyes hilvanar los espacios
negativos entre los glaciares?

                                             (   )

para atascar de goce el aluminio
o ayudar a las chispas
a sobrevivir bajo cero

                                        (   )

voy a mandar un cargamento de humo
que disimule este bosquejo
de desapariciones y a esconder
el lápiz culpable en la chatarra

                              (   )

voy a enlatar la fiebre
de las alcantarillas y a aplastarla
será la moneda de cambio
a esparcir como ostras en el futuro

¿ME OYES?

                                   (   ) (   )

no me dejes sola con esta tarea
el vacío es demasiado importante
para confiarlo a único canal
                    (   )

el día en que tus brazos se desprendan
notaré su roce y los golpes ciegos
contra la negrura de mi esternón
despertarán tambores dormidos

                                        ( )

yo también tengo fe
en el tejido envenenado:
es la única manera
de no hacer ruido

al caer

COMUNIÓN II

nosotras no queríamos ser
otra cosa que niñas

niñas de pieles fluorescentes
niñas tan calladas como cerámicas
niñas de menta poleo
niñas de lengua puntillosa
niñas que dicen sí mientras piensan no
niñas de tierra disecada
niñas que acarician el pavimento
niñas en las esquinas
niñas moviéndose
niñas que se terminan
niñas de ideas nuevas
niñas amantes
niñas fulgor
niñas de teatro
niñas que se lavan con camomila
niñas de párpados hinchados
niñas proféticas
niñas que saltan a la oscuridad
niñas que dicen extintor y se ríen
niñas carentes de casualidades
niñas ofrenda
niñas del exterior de las metáforas
niñas a las que les brillan las uñas
niñas cansadas
niñas que caminan en el vaho

niñas fluidas o sólidas
niñas que se atragantan
niñas aguja
niñas que no cosen pero suturan
niñas que regresan sin irse
niñas de amapolas pulverizadas
niñas que ni nacen ni mueren
niñas anzuelo calavera
niñas sin texto
niñas ceniza
niñas que siguen a otras niñas
niñas que esperan

otra cosa que niñas
que no quieren no ser

CANTO IV:
IMITARÁS AQUELLO QUE NO ENTIENDAS

*Y María, la profetisa, hermana de Aarón,
tomó un pandero en su mano,
y todas las mujeres salieron detrás de ella
con panderos y danzas.*
ÉXODO 15:20

*Algunas cosas cambian y otras se mantienen,
y hay una que otra que jamás dejará de ser cierta,
como que la gente sufre y busca la hermosura,
desea y busca la hermosura,
teme y busca la hermosura.*
MÓNICA OJEDA, *CHAMANES ELÉCTRICOS EN LA
FIESTA DEL SOL*

EPIFANÍA II

todo esto era una burla
apenas un rezo o una antorcha
un canto en construcción
guirnaldas de estrellas letales
sobre todas las tumbas
de la idea de futuro

CONFESIÓN DE LA QUINTA MADRE

cuál es mi valor
si valgo lo que el derrame de una picota
sobre los labios deseados
o valgo lo que la experiencia
de las rodillas de un corredor
o valgo lo que la fractura de un fantasma
o cualquier cosa equivalente
a un golpe sobre el vidrio
o el placer oculto tras la espina
o quizás el centro desgastado de una moqueta
o el garabato de los nudos del pelo tras el sexo
o tal vez el conjunto de todo lo anterior
se reduzca a un páramo
de nacionalidad hembra

escucha el desfile ridículo de mi risa
así suena la revolución
este himno sirve para descongelar
todas las derrotas de los genes

cuál es su valor
si limpio en balde el lavabo todas las mañanas
y por la noche la sangre
de nuevo tinta roja abordando el mapa
de mis manos

INTENTO DE ASCENSIÓN
DE LA SEXTA MADRE

paso a paso paso a paso paso a
esta madre se acerca a Madre
al ritmo de una bofetada
para llevar el olvido
de lo trascendente a lo terrenal

ahí está la salvación   en la hierba
de las ciudades   en el idioma
       inventado por árboles
           genealógicos
que fantasean   con bifurcarse

a cada paso más barro en la suela
magma gris tan mágico adherido
a mis huellas tus huellas sus huellas
paso a paso plantas de hormigón

encuentro vulgares las fuerzas
para convivir con la alegría
una madre debe ser abstracta
no tener cuerpo haberlo donado
una madre debe carecer
de nombre delirio y fisuras
para convivir con la pequeña
muerte encuentro vital

a cada paso más y más barro

me transformo en una escultura
de arcilla húmeda que llama
a más arcilla húmeda que llama
a la tormenta acogedora de Madre

una madre debe consumirse desde la sonrisa
no reclamar los corrales
aceptar su potencia   terminar en creación
ignorar la música de los tigres
entender que el mundo no habla
a las madres sino a sus fórmulas

oh querida hija mía te dejo atrás
ha llegado el momento no lo entiendes
te sentirás una tachadura en una hoja
querrás rebatirme me insultarás en terapia
dirás yo nunca seré madre y así será
pero un día al deshacer una nube
descubrirás mi cuerpo sin órganos
y entenderás mi olor

un día retirarás los kilómetros
de barro de mi crisálida
y verás que mis brazos acunan
todavía tu idea

paso a paso me alejo
la tierra es una garganta
congestionada y me hundo
paso a paso en mi ascensión

INTUICIÓN I

entre los dientes de un cadáver
se encuentran todas las formas
de posibles quemaduras
provocadas por un géiser

la culpa es una sombra blanca
con que romper el cascarón y beber
sangre tibia a través de los fracasos
sangre tibia de madre en potencia

mirad este paisaje desmembrado
aquí es posible huir de los templos
aquí está sepultado el temblor

aquí las llamas y las aves son lo mismo
una lengua para sobrevivir
todos los inviernos

CONFESIÓN DE LA UNDÉCIMA MADRE

en esta cornisa
de cristal soplado
dejo caer

el sexo palpitante la lengua la ira
quizá quede voz

entre las conchas y los insectos
emerge una isla
de arcilla ovalada y marfil

[el vientre d]el río
se ha secado

PERO MI CUERPO

de pie en el fondo
es un mordisco de piedra

vine aquí en busca de la sombra
qué hago con tanta tumba iluminada
qué hago aquí en la primavera de la muerte

CANTO V:
DESCUBRIRÁS LA IMPUREZA

Asimismo la persona que haya tocado
cualquier cosa inmunda, sea cadáver
de bestia inmunda, o cadáver de animal inmundo,
o cadáver de reptil inmundo, aunque no lo sepa,
será impura y será culpable.
LEVÍTICO 5:2

Y lo milagroso se acerca inminente
a las sucias casas en ruinas.
ANA AJMÁTOVA,
TODO HA SIDO SAQUEADO

CONFESIÓN DE LA QUINTA MADRE UNA NOCHE DE INSOMNIO

he aprendido a transitar
las arvejas inmaduras
y a decir vaina
miracielo gorgojo

cuánto cansancio
en no poder tocar
la lengua alicaída
entre los párpados

y en algún lugar
de la lengua
el asco

allí donde alguna vez
todas las mujeres
desfilamos

CONFESIÓN DE LA SEGUNDA MADRE

nunca tuvimos hambre
de elogios ni poderes
más allá del silencio
para perseguir
astas agrietadas

tengo ocho años
en algún lugar
entre tanto crecimiento

aquí en esta casa
las heridas huelen a canela
que calienta los labios

antes de pintarnos misiones
que cumplir como estaturas
antes de inventarnos
fábricas parientes y ollas
antes éramos hijastras del tiempo
y cada hora era un ser creciente

existió una red
antes de las normas
apretábamos los párpados
y nos topábamos con el pan
como quien entiende
los caminos

hoy una soga sofoca las plantas
ya no crecen dientes
de león entre los tréboles
ni mis uñas roen cada tarde
clorofila raíces y polen

en algún lugar todavía
tengo ocho años
y recuerdo una estrella
en un retrovisor

pero ahora la leche se desborda
a través de la grieta y la grieta
corre el riesgo de borrarse

RESPUESTA DE LA NOVENA MADRE E INICIO DE LA HEREJÍA

un águila es un acto
siempre al borde

del grosor de una hoja
la posibilidad
tentada sobre el polvo

quiero salvar el calor
con que cobijaba piñas
en un alcorque de otoño

la verdad es este envase
de luz roca y polvo
y yo a veces
prefiero la mentira

a veces un montón de huesos
interrumpen la garganta

la última piedra
una nueva memoria

[¡pero mi cuerpo!]

de pie en el fondo
en la sed del río
donde todas las llamas

que forman las orillas
recuerdan

la separación

CONFESIÓN-SUSURRO
DE LA DÉCIMA MADRE

algo emergerá del hogar
entre sus cenizas   siamesas
lindas vírgenes decapitadas

mis colmillos delincuentes
han hundido sus puntas
hasta cavar hasta domar hasta tocar
la realidad de cerámica de sus cuellos

debo parecerme más a Madre
esconder las manchas de mis dientes
quedarme tiesa y delgada

pero no quiero
ni hablar del brillo ganador
en los ojos ojerosos de la santa Madre
sino tan solo interrumpir
                        algo / todo / nada

NANA DE LA OCTAVA MADRE
A SU ABORTO

dónde el rayo subterráneo
que altera cualquier solidez
dónde la catástrofe
que forma la historia

alguien fue imperceptible
y alcanzó la grandeza
dejó de existir   las paredes
ondearon los cimientos se esfumaron

alguien diminuto alcanzaba todas las raíces
con dedos largos de oscuridad
y sembraba noches en cada párpado
y aniquilaba el olor a arcilla quebrada
y sus movimientos causaron dentro
de la negrura olvido y espacio
una nueva memoria

[mi cuerpo se encuentra]

de pie en el fondo
se muere la angustia se muere
en el útero seco del río

CANTO VI:
VIVIRÁS

*Sus raíces se entretejen sobre un montón de piedras, y vive
entre los pedregales. Si alguien intenta arrancarlo de su lugar,
éste le niega diciendo: "¡Nunca te he visto!". He aquí, así es
el gozo de su camino, y otros brotarán del polvo.*

JOB 8:17

Yo, recogía vientos y frutas.
CARMEN CONDE, *BROCAL*

HEREJÍA ENTRE LA PRIMERA
Y LA TERCERA HECHICERA

quédate y construye una ballesta demoníaca conmigo
dispararemos una cometa que atraviese europa
y desde sus lazos de colores remolcaremos el fracaso
hasta alcanzar una rotonda de césped goteante
donde cacarear cuatro tangos y replantar margaritas
se pararán todos los coches encenderán las luces
por favor te   quiero que te quedes

conmigo no hay tesoro posible escucha
apenas sé esconder huevos en el congelador
y sentarme junto a la puerta esperando
a que algún zorro triste los encuentre
y los lama y finjamos
que aún existe el milagro de la vida

juntas podemos curar las agujas y los dardos
tan solo tenemos que cantar sin público
bailar muy cerca al son de la lavadora
juntas podemos calmar las tuercas izquierdas
víctimas abandonadas en cualquier quiosco sin clientes
juntas podemos encargarnos de perseguir algo mayor
escucha   conversar es algo político

si me quedara solo sabría callar
y telefonear al triángulo de las bermudas
mantener la boca planchada con un yunque
las manos entretenidas con guirnaldas
de frutillas secas y pieles de patata en espiral
asombrarme con la idea de que quizás al otro lado
un ladrido romperá   el silencio

tengo frío   no te marches
        pensar es deshacer
el zurcido de una camisa heredada
estamos en obras   no lo ves
bajo el espíritu el ancla la moneda
        descubriremos el fin
la presión tiene dientes que gritan
    mi nostalgia es tan honda
        como la idea de paz
qué absurdo   no me apartes

no hagas más esfuerzos   por mí
parto del parto exigente de Madre
y me llevo su pauta   la quebraré
nada puede entrar ya en mi rostro
    incompresible de desgarros
ahora mi lengua es feroz   no
        te acerques no quiero
que me acuses de tu dolor

74

pero

                                        (se aleja)

para

                                        (se detiene)

por favor

                                        (se abrazan)

a qué renuncias

                                        al amor   no
                                        al pecado   no
                                         a la esperanza

déjame   desbordarte
todo esto solo es una regla
déjame   decirte
repitamos el mundo sus leyes
nos olvidarán en algún momento

                                        comprendo pero
                                         y los monstruos
                                          y los ángeles

bailarán con nosotras
también necesitan
destruir sus límites

                                                    es inútil

lo sé
por eso quiero
formar parte

                        (asiente y parte una almendra en dos)

PROFECÍA DE LA OCTAVA HECHICERA

cuando hablamos de escudo hablamos de guarida:
la jaula se ha ido a respirar
como un animal cubierto de lodo
hasta convertir su corazón en un esquema
tan fácil de comprender tan fácil
como descubrir un violonchelo en un charco
lleno de renacuajos al abordaje
con mariquitas espiando desde su vecindario residencial
algunas de ellas en equilibrio sobre la campana de la iglesia
hasta que el peso es demasiado y entonces

cae

a mil revoluciones por minuto hacia el suelo
una galaxia al borde de la implosión
o un cohete vestido de bandera
quién va a sujetarnos por el cuello a tiempo
las mariquitas chillan
franco nos habría salvado del ecologismo
su grito es un cascabel que rebota contra la campana
haría falta un intérprete especializado en interferencias
pero están todos en paro desde el dos mil ocho

cuando hablamos de entrada hablamos de calabozo:
decorado con muebles de segunda mano
en el que proyectar un piso feo pero estable
donde el acto de estrellarse siga un plan
a comentar en el minigolf o en el camping

bebiendo un vermú en bermudas color caqui
y así sea posible soñar
que estamos de safari pero en los alpes
que es más seguro   en suiza nunca pasa nada
eso sí la mili todavía es obligatoria
solo para los hombres eso sí
las mujeres tienen un cutis perfecto
y han logrado borrar la existencia
de los poros si acaso se pintan
pecas con un cuentagotas
relleno de esencia de remolacha
hasta diseñar un patrón individualizado
del encaje más fino
hasta que un ramo de flores
mortuorias les cubra

el cuerpo

cuando hablamos de genio hablamos de antiguo
cuidado con la novedad de los poemas y algunas filósofas
se traen magia oscura entre las manos
no os dejéis engañar aúllan las mariquitas
(su movimiento es una caída incapaz de alcanzar el impacto)
que no os confunda la apariencia de bote salvavidas
de sus manos cuando las juntan como un cuenco
esas manos nunca han cambiado pañales
ni han llamado a nadie

hijo

cuando hablamos de nacer hablamos de asustar
al mundo con una palabra nueva
y pronunciarla como quien señala un agujero
y después se introduce en él hasta formar parte

de la sombra

CONJURO DE LA SÉPTIMA HECHICERA

entramos en el agujero
donde crece el diente

de león el jengibre y la ortiga
y aspiramos

de un tirón el océano
que revienta a mediodía

somos capaces de soñar
ocho veces más
que cualquier bruja

alcanzamos el silencio
con las manos peladas

el diablo nos serena
con mejunjes y sudor

cómo es posible
tanto placer

sin siquiera tocarnos
somos un conjunto
de rumores

que nos oigan desde lejos
que teman nuestro insomnio

RESOLUCIÓN

nos prometieron volver
volver al refugio
al centro grasiento
del útero / la semilla / Madre

nos prometieron un camino
de vuelta   pero ¿quién?

¿en qué raíz crece
[cuer pe mi po ro]
lo que nos abandona?

nuestra respuesta:
esta fe gutural
más parecida a un helecho
que a una palabra

cuando tu idea   Madre
arrase con la tierra
rechazaremos el cielo y su fortuna

ya no queremos que nos salven
hemos ahondado los callos
y la rabia ha abierto surcos
y ahora aparece una nueva promesa:

este bosque será de quienes se entierren
en el polvo   y aguarden

CANTO VII:
APRECIARÁS A TUS HERMANAS

Y si da a luz a una hija, quedará impura
dos semanas, conforme a su impureza,
y sesenta y seis días está purificándose
de su sangre.
LEVÍTICO 12:5

Esto es parecido a reventar
no es ni siquiera parto.
GLORIA FUERTES, *PENA*

ILUMINACIÓN
DE LA UNDÉCIMA HECHICERA

miro los ojos e intuyo una piedra
miro el mar e intuyo una piedra
miro la frente e intuyo una piedra
miro la ventana e intuyo una piedra
miro la sangre e intuyo una piedra
miro las sienes y las alcantarillas y el cielo

y me pregunto

si gritara diez siglos
al borde de todos los lugares
desde donde una piedra podría
aparecer y golpearme

quizá

mi grito transmutaría en grito
de medusa voz-serpiente y nada
estaría ya

[escondido]

RITUAL I

manchadas de sangre verde
arrugamos las entrañas
al inclinarnos las unas en las otras
juncos estriados al son
del pecado más tierno

qué es esa música
que sostiene la imagen
en lugar de agitar el cuerpo
de todas las células
de todas las criaturas

envueltas en sidra ácida
estiramos la lengua
al repugnarnos con la madre o el marido
o sea cual sea el lujo
secreto en el origen
de esta danza que desuella el techo
y construye un cielo discontinuo

aspiramos al fragmento
no queremos discursos sin espacios en blanco
la función central de la vida es lo múltiple
míranos por eso somos
erupción o catarata saltando desde el castigo
para conquistar alegremente
los contrarios y sus espinas

por eso somos un enjambre
y los golpes atraviesan el camino
sin rozarnos siquiera el miedo

RITUAL II

las doce bailamos en círculo
reloj de luna
que marca la hora-humo
y el minuto-gota del huracán
contemplado tras una ventana

nos sostenemos las veinticuatro manos
absortas en la obsesión por el desastre
olemos a cigarrillo a licor a estufa
en nuestros doscientos cuarenta dedos
sustentamos el luto celebratorio

doce urracas con el pelo suelto
y los dientes fuera de fila
que arrancan la muerte de la brújula

esta enajenación santa matriz
es soledad vivificada
un aleteo al otro lado
del útero en vías de tornarse azul

aquí estamos a cara destapada
hermanas-meteoritos
expulsadas de la herida revuelta

ya no podemos olvidar
entre chispas y cicuta
bailamos con las manos enredadas
y los ojos abiertos

ya no tenemos párpados
se han caído junto a las hojas

la nieve es goma de borrar
formamos un reloj que retrocede

hurgar en el horror sin apagarlo
invoca al terremoto
ahora hermanas bailemos
sumemos nuestros cuerpos al temblor

EXORCISMO DE LA CULPA

intentas volver
con el corazón en conserva
y los muñones del roce
exhibiéndose al sol

intentas volver
blandiendo la voz reposada
de los muertos

ya no escucho
conjuros ajenos a mi boca
o a los cráteres o a la tierra

ya no hay espacio
entre el pliegue de mis codos
y aún así   intentas volver

escucha de espaldas
ahora las flores que riego
no decoran tumbas

intentas volver y no hay espacio
para ti en este bosque   aléjate
como método para unirte
a esta celebración

CANTO VIII:
CONVERTIRÁS LA TIERRA EN UNA FIESTA

*Y yo, he aquí, voy a enviar un diluvio sobre la tierra
para destruir toda la carne en que haya espíritu de vida
debajo del cielo; todo lo que hay en la tierra morirá.*
GÉNESIS 6:17

No, no existe la muerte. Somos vida.
ÁNGELA FIGUERA AYMERICH,
REVELACIÓN DEL ÉXTASIS

MANIFESTACIÓN A CUATRO VOCES

escucha el espacio   entre nuestros cuerpos
como se atiende una casa   a punto de poblarse:

somos hechiceras   hechiceras a pesar

del pellejo empobrecido

                   de tanto explorar lo crudo
del acantilado

                   donde se insinúa la escalada

       escucha estos claros que ofrecemos:
   es tan importante tener un lugar para aburrirse

por eso hechiceras   hechiceras a punto

de seducir

                  los rezos al fondo del estaque
de extender

                  la noche de las garras

     este testimonio pertenece a la amistad más absoluta

somos hechiceras   hechiceras infieles
      a la inocencia y a la crueldad

      habitamos todos los retratos y los mitos
      nutrimos cualquier nombre que nos ofrezcan

pero en secreto   nos encontramos desnudas
entre las higueras   quemadas por relámpagos

      aquí se practica la fragilidad

escucha los signos   del amor feo
del rarísimo amor   dispuesto a abrumarte
  y a bombardear el lenguaje con su metamorfosis

      hechiceras aquí se lucha siempre por primera vez

CORO DEL PRIMER Y SEGUNDO CUARTETO

de una a otra   de tres en tres
nos hemos cosido las clavículas
con madreselva   su néctar
presiente el futuro al deslizarse
por nuestras   quemaduras

no podrán   dividirnos
unidas somos   una planta
unidas somos   esporas
cuanto más   lejos intenten
desperdigarnos más inmensas
serán nuestras   junglas

CORO DEL TERCER Y CUARTO CUARTETO

sin enemigos   y furiosas
es imposible   la respuesta
quién no   ha mentido
desde la culpa   el dardo

un ave no aprende a fracasar
solo   lame la transparencia
del tiempo   coincide en
que otros niegan el problema

al ave no le importan los otros
y un día   bum   disparo
el fin   ya no podéis pasar
desapercibidas lo vemos todo

PÓCIMA UNIFICADORA

reclamo la sed
como escudo
el cosquilleo del nido
en la garganta

encontrar en la urgencia
un artefacto en lucha
al que llamar hogar

reclamo el hambre
como arma
la calma breve
del mordisco

cercar la memoria
para extraer los cantos
rodados con que embutir
el estómago de los cisnes

reclamo la gula
como tiempo muerto
alas de aves domésticas
hundiéndose en las bocas

cualquier jaula libre
de sed o hambre o afecto

cualquier canto
rondando las gargantas
hacia los colmillos y las lenguas

nada se afila como las lenguas
nada se ablanda como los colmillos

devoraré el corazón
tierno de mis hermanas
beberé su sangre tibia
hasta que su guerra
encuentre hogar en la mía

hasta que la tierra
de nadie se abra como un huevo
lanzado al vacío

CANTO IX:
MOLDEARÁS LOS NOMBRES DEL MUNDO

Un abismo llama a otro
a la voz de tus cascadas;
todas tus ondas y tus olas
han pasado sobre mí.
SALMOS 42:7

Here's my advice,
hold.
Hold beauty.
ANNE CARSON,
THE BEAUTY OF THE HUSBAND

REENCARNACIÓN

mírame
modelar la fiesta de mis dientes
hasta convertir la tensión en mariposas
dócil rebaño directo a la garganta
como un cordero cayendo en espiral

mírame
superar el casillero de la muerte
saltar a la pata coja sobre su negocio
utilizar las lápidas como respaldo

mírame
soy
una hormiga que trabaja los castigos
de la carne que me envuelve

mírame
es mi turno
observa lo demás
apartarse

ATEOS RECONOCEDME

DIOSA

nos quieren cortar   la lengua
nos quieren romper   el sueño
nos quieren extirpar   la historia

      pero los incendios no se aplacan
      a escupitajos y lágrimas y sangre

un incendio querido alberga todas las competiciones las
revueltas lo extinto las farsas las categorías posibles de excesos
la cicatriz desde las pestañas a la fosa nasal izquierda el
puñetazo en la pared el debate sobre dar el pecho en público
la orquídea seca en una esquina las nuevas mortalidades la
esencia del psicoanálisis el límite del deseo los muesos los
huesos los huecos

      pero la sangre no se aplaca
      con incendios ni siquiera
      por consenso

PERCEPCIÓN DE TOTALIDAD

ayer a las siete de la tarde estábamos todas
                              o al menos la mayoría
agitando el agua de las botellas
un tanto volcánicas un tanto con ecos
amplificados hacia otras paredes
más allá de la sala donde estábamos todas
                              o al menos la mayoría
de oídos abiertos como mandarinas
y manos tarántulas para entrelazar
los espacios hacia el silencio
en que festejarnos con las lágrimas de todas
                              o al menos la mayoría
de risa tan ingobernable
a caballo entre el asalto y el asombro
de los estómagos como puños de pizarra

ayer cayó una viga y nadie se dio cuenta
el cielo amarilleaba tiernamente

aprendimos conjuros de ceniza edulcorada
nos tintamos las cejas con costras del desierto
y percutimos nuestras canciones favoritas
sobre los tímpanos de los sordos

ayer estábamos todas vertidas en canal
                    o al menos la mayoría vulnerable
cantando los nombres de las piedras
de nuestros hogares permanente-
mente en obras

NUEVO TESTAMENTO

vamos a enseñaros a saltar
bebiéndoos las piernas
como quien perfora el campo
con la lengua

a veces volar es ejecutar
las puertas tras las que se esconden
los terrores maternos

moverse requiere valentía

cuando el sol se asoma
en un leve cairel
hecho añicos

salir requiere voluntad

seguid buscando
entre las montañas
cortes que sanen los latidos

explorar requiere insistencia

a veces aterrizar es un hallazgo
y el camino se presenta lumbre
en que calentar de nuevo la palabra

el dolor requiere intuición

otra vez   el dolor
    requiere intuición

vamos a aprender a sostenernos
lluvia frágil plantada a medianoche
en una cala donde naufragar
con jolgorio

oh escuchad
cuánto jolgorio
en estos pies descalzos

nunca había oído antes
un rumor como este

INSTRUCCIONES DE ILUMINACIÓN

el acto de elevarse
no es solo del fantasma
bien adiestrado en la costumbre

a veces la ceniza
se anuncia como un sable

y el dedo índice subraya
el grado de aceleración
exacto hacia la muerte

entre el amor y el amor
la arena suspendida
a punto de irritar los ojos

no hemos venido
para conservar
las aristas del hielo

vinimos a romper
la delicadeza de la palabra
elevarse con los dientes
y decir al final

túnel directo al núcleo
he ahí la ascensión

TIERNA CONDENA

ahora por fin somos conscientes
de la frescura de encontrar
lágrimas en la arena

este oasis es una virtud
donde excomulgar las coronas

todas somos una
diosa y eso no significa inclemente

la inmensidad del sahara aplasta los fresales
para extraer su jugo y tal vez regar un puente
sobre el infierno

está permitido el fuego que no quema

CANTO X:
AMARÁS TODAS LAS COSAS DESDE
SU CENTRO ÚLTIMO

Y dijo: Vuelve a meter tu mano en el seno.
Y él volvió a meter su mano en su seno,
y volviéndola a sacar del seno, he aquí
que se había vuelto como la otra carne.
ÉXODO 4:7

no he llegado
no llegaré jamás
en el centro de todo
está el poema intacto
BLANCA VARELA,
A MEDIA VOZ

GÉNESIS III

al principio la risa
trepó hasta que su volumen
alcanzó las ramas

después el canto
extendió su textura sobre la corteza
hasta que le crecieron astas de romero

al final la calidez
dejó correr su llanto por la tierra
hasta las raíces de un abedul

así nació la diosa   no Madre
hada volcánica que nada en la nieve
alfarera del viento y la resina

LECCIONES PARA NUEVAS NIÑAS

¿sabíais que el concepto de casa puede navegar
en un vaso de vino hasta convertirse en viaje?

podéis ser el centro del deseo

la separación entre las cartas del tarot
dibujando un mapa hacia la belleza

¿intuís que la afinidad se alimenta
al obsesionarse con la duda?

entre el sí y el no   hay una surco

una arruga se esconde en la tierra
y la calienta con su cuerpo

¿qué proponéis crear con el peso
bajo el que os sentisteis perdidas?

un compromiso medita sobre su impulso
y ríe   la filosofía era amanecer
casi en paz y entonces de nuevo

el vértigo

PRIMERA VISITA AL CIELO

no quiero mancharme los ojos
con los picos humeantes de los tubérculos
pero quiero indagar el aire

hay un rumor que dice
el viento es en verdad un río girado
en su lecho estratosférico
se esconde un tesoro

si sigo su atlas a la carrera
y hundo los tobillos
quizá encuentre el final de la lengua
ahogo prisión límite castigo

quizá nuestras hijas puedan
codearse las unas con las otras hasta beber aguardiente
sin necesitar la suerte ni la defensa

LEGADO

soñamos con un castillo sin piedras todo eco
tejido con una nueva identidad de helio y lino

el vacío es variación   cantarías
la palabra   *casa*   de otro modo
si hubiera suficiente   espacio
                        para la rareza

de repente un camino de lana emerge del movimiento y trae
                        calidez

        hubo suficientes murmullos sobre el vacío
        ahora la rabia   se transforma en ceniza

el tiempo cambia   pero vosotras
habéis encajado   salpicadas de sueños
yo es solo una palabra   una pared de
                        acuarela

                el amor
necesita descubrir la brisa cómplice cultivada
                en nosotras

CORO A DOCE VOCES
DESDE UNA SOLA BOCA

nos ordenasteis   escoged bien
    la ropa con la que morir
  y respondimos   no

      no estamos en la memoria
pero sí en la nostalgia   el olor a musgo
           un sabor inesperado
           medio metro de distancia
todos los lugares a donde no es posible volver

monumento catapulta
para proporcionarnos algo de mística

habremos perdido
cadenas en cada noción de mortalidad
y de la nada percibiremos el hundimiento
      de los espejos y la ceniza

emergemos de la nostalgia
en la forma inmediata de una huella

nuestra casa es esta o aquella órbita
somos evidentes porque pensamos:
cualquier voluntad es una visión autoritaria

los privilegios que prueban lo humillante
ya no nos corresponden

115

estamos atravesadas de vida
somos ahistóricas e ínferas
    líricas y épicas
el resto de títulos profetizan la tierra
latiendo en un lunar

          nos perdemos en el centro
          allí donde se abraza lo borrado
          y es imposible no llegar tarde

estamos en la entrega
aunque el tiempo nos escriba
siempre sucias y exageradas

al borde del error
no necesitamos armaduras

nuestra carne se sumerge con gusto
entre las zarzas abandonadas
tras acusarlas de malditas

          no necesitamos una página

          si acaso la faz del desierto
          y nuestras manos escultoras

SOÑAR CON VOLCANES

no nos quedaremos
tibias escápulas
en una orilla de alquitrán
los pájaros que nos crecen
bajo los pechos picotean
cualquier respuesta
que se intuya
jaula

no nos quedaremos
quebradizas en la linfa
maloyentes entre campanas
a salvo de la lluvia
pero

qué hay del triunfo mortal
del sexo cubierto de lágrimas
ay   qué hay de los velos
incendiados bajo los que guarecerse
quién los levantará para descubrir
el cansancio en la ternura

siempre lo mismo
el fuego en el estómago
la piedra en la lengua
el útero en erupción
ladera abajo en su acto
de purificar los pies
de quienes huyen

vamos a morder todos los talones
ay   a morder los cráneos las palabras los cantos
                              [y las ciénagas
vamos   químicos espesos cayendo en tempestad
mirad   mirad cómo arde el desierto
qué hermosa desolación nos invita a lamentarnos
ay   todas juntas diremos   aquí
hubo aspas que cortaban las bondades
aquí renacer fue tan convulso
            nuestra única opción

soñar con volcanes
1 – para coserse a la existencia
2 – para que los hilos sean mechas
3 – para espolvorear las cenizas del matricidio
                              [sobre los arbustos ornamentales
4 – para gritar
5 – para gritar tiemble el mundo ante este magma
6 – para sumergir un ancla en la garganta de un cráter hasta
que resulte corroída
y decir   mundo enfermo
si la lava tiembla también tú
puedes conmoverte
tú tranquilo   si nos calcinas
no nos quedaremos en espectros
que controlan el valor de la gente y las alhajas
nuestros cuerpos nunca serán humo
que espantar con talismanes

quemar es decidir quién cae antes
los cimientos o las ventanas

el derrumbe condiciona nuestras huellas
y todo este frío apenas contiene
un caldo de cultivo

    soñar con volcanes
es entender   la nieve
    brota en cautiverio

EPÍLOGO

Una plegaria sin dioses, quizás un rito, en el vientre ma-
mífero del bosque, un canto germinante a la génesis de la
sangre y el cereal, cuerpos como envases de la niña que es
madre y a la vez cacería y presa, de nuevo el bosque, escon-
dite fugaz para las pequeñas brujas, para las crueles náya-
des, el ojo de agua en mitad del corazón de las culebras, y
siempre la inquietud de encontrar la corporalidad sembrada
del espíritu, esa pequeña hoguera donde la infancia y la ve-
jez dibujan sombras de animales para trenzar el símbolo de
nuestra desnudez, lagartos que mutilamos para albergar la
pena huérfana de la lluvia, la necesidad de una tumba flori-
da, el espasmo de Ofelia, buscando tras la muerte el nuevo
parto del mundo, arca imaginaria que aguarda el encuentro
de una brisa de insectos, antes de que la tundra tiemble...
Iria Fariñas invoca la porosidad de las membranas, la tor-
menta en el iris de un monje animal ante la exuberancia del
viaje, mulier viatrix en su torno de arcilla dotando de forma
los rostros que cuajan, del nombre que está a punto de escri-
bir el párpado abierto del gigante... Iria Fariñas nos invita
al balcón de su costillar florido para morder, más de cerca,
la sangre que deviene en semilla, el árbol familiar del fan-
tasma que sopla su deseo por los cuatro puntos cardinales,
una mística moderna que señala con el índice la medianoche
del temor y el gozo, salto de fe hacia el vacío que engendra
dioramas de color y movimiento y bilis y saliva y herida sin
puntar, herida explícita de los mundos diminutos, del oxí-
geno inconmensurable... Iria Fariñas deshilacha el hilo del
exilio para que la Tierra vuelva a ser casa, para que el Cielo

sea la abuela-llamarada que guía los pasos de sus criaturas extraviadas... Un poemario de potencia inusual, extraño como un fruto ignoto, familiar como las raíces de la muerte, dispuestas a dibujarnos otra vez, bajo una luz fresca... Un poemario-madriguera para que el dolor cobre sentido en medio de la blancura sobrenatural de nuestra ceguera, amansamiento de las furias, la lira órfica que calma a las lectoras de la sed.

AURORA H. CAMERO

ÍNDICE